Парамаханса Йогананда
(1893–1952)

Исцеление безграничной силой Бога

Парамаханса Йогананда

Серия «Искусство жить»

Неформальные лекции и эссе, публикуемые в серии «Искусство жить» (*"How-to-Live" Series*), впервые появились в журнале *Self-Realization*, издаваемом обществом Self-Realization Fellowship. Подобные материалы также содержатся в различных сборниках, а также аудио- и видеозаписях SRF. Серия «Искусство жить» была создана по многочисленным просьбам наших читателей, желавших иметь под рукой карманные брошюры, освещающие различные аспекты учений Парамахансы Йогананды. Данная серия публикаций передаёт духовные наставления Шри Йогананды и его ближайших учеников, членов монашеского ордена Self-Realization Fellowship, многие из которых долгие годы обучались у почитаемого во всём мире духовного учителя. Время от времени эта серия пополняется новыми публикациями.

Название англоязычного оригинала, издаваемого
обществом Self-Realization Fellowship, Лос-Анджелес, Калифорния:
Healing by God's Unlimited Power

ISBN: 978-0-87612-391-1

Перевод на русский язык: Self-Realization Fellowship

Copyright © 2016 Self-Realization Fellowship

Все права защищены. Без предварительного разрешения Self-Realization Fellowship перепечатка (за исключением кратких цитат для рецензий) и распространение книги «Исцеление безграничной силой Бога» (*Healing by God's Unlimited Power*) в любой форме — электронной, механической или любой другой, существующей сегодня или в будущем, включая фотокопирование, звуковую запись или хранение её в информационных и принимающих системах — является нарушением авторских прав и преследуется по закону. За справками обращайтесь по адресу: Self-Realization Fellowship, 3880 San Rafael Avenue, Los Angeles, California 90065-3219, USA

 Авторизовано Международным издательским советом
Self-Realization Fellowship

Название общества Self-Realization Fellowship и его эмблема, помещённая выше, присутствуют на всех книгах, аудио- и видеозаписях, а также других публикациях SRF, удостоверяя читателя, что он имеет дело с материалами организации, которая основана Парамахансой Йоганандой и передаёт его учения точно и достоверно.

Первое издание на русском языке, 2025
First edition in Russian, 2025
Издание 2025 года
This printing 2025

ISBN: 978-1-68568-286-6

5067-J8899

– ✧ –

*Существует Сила, способная осветить
ваш путь к здоровью, счастью,
покою и успеху. Вам нужно лишь
обратиться лицом к этому Свету.*

— Парамаханса Йогананда

– ✧ –

Исцеление безграничной силой Бога

Парамаханса Йогананда

Лекция, прочитанная в храме Self-Realization Fellowship, Голливуд, Калифорния, 31 августа 1947 года

Существуют три вида болезней: физические, психические и духовные. Физическая болезнь возникает по причине разных видов токсикоза, инфекционных заболеваний или несчастных случаев. Психические болезни вызываются страхом, беспокойством, злобой и другими видами эмоциональной дисгармонии. Болезнь души приходит от незнания человеком его истинных взаимоотношений с Богом.

Неведение — самая серьезная болезнь. Когда человек избавляется от неведения, он избавляется от причин всех физических, психических и духовных болезней. Мой гуру[1] Шри Юктешвар часто говорил: «Мудрость — величайший целитель».

Попытки преодолеть разного рода страдания с помощью ограниченной силы материальных лечебных методов часто заканчиваются разочарованием. Человек может найти окончательное исцеление от болезней тела,

---

1 См. глоссарий.

ума и души только в неограниченной силе духовных методов. Эту безграничную силу исцеления следует искать в Боге. Если вы испытываете психические страдания от потери близких, вы можете вновь обрести их [близких] в Боге. С Его помощью возможно все.

Пока человек воистину не познает Бога, он не в праве говорить, что все зависит от умственного настроя и что не нужно следовать законам здоровья или использовать материальные методы исцеления. Пока человек не достиг истинной Самореализации, он должен применять здравый смысл во всех своих действиях. В то же время он никогда не должен сомневаться в Боге; ему следует постоянно утверждать свою веру в вездесущую Божественную силу.

Врачи пытаются найти причины болезни и устранить их, чтобы болезнь не возвращалась. Зачастую они весьма умело пользуются определенными материальными методами лечения. Тем не менее, не всякая болезнь поддается излечению при помощи лекарств и хирургического вмешательства. Следовательно, возможности этих методов существенно ограничены.

Химические препараты и лекарства воздействуют лишь на внешнее физическое строение телесных клеток и не изменяют внутреннюю атомную структуру, или жизненную основу клеток. Во многих случаях излечение болезни не представляется возможным до тех пор, пока исцеляющая сила Бога не исправит изнутри дисбаланс «жизнетронов», или разумной жизненной энергии в теле. Наиболее распространенная причина болезни — недостаточная или чрезмерная активность жизненной энергии, *праны*, которая структурирует тело и поддерживает его жизнь. Здоровье тела нарушается из-за неправильного функционирования одного (или нескольких) из пяти основных пранических потоков — *вьяны* (циркуляции), *уданы* (метаболизма), *саманы* (ассимиляции), *праны* (кристаллизации) и *апаны* (выведения отходов). Когда силой Бога восстанавливается естественный баланс этих тонких энергий, восстанавливается и атомный баланс в физических клетках, которые они питают; в таком случае происходит мгновенное и необратимое исцеление. Когда сбалансированная жизнедеятельность организма поддерживается правильным образом жизни, здоровым питанием и медитацией в сочетании с *пранаямой* (техникой регуляции жизненной энергии), собственная жизненная энергия тела «убивает» своим током болезнь, прежде чем она успевает развиться.

Сбалансированное развитие — главный фактор

Травмы и болезни становятся причиной смерти чаще, чем старость. Большинство людей умирают, не достигнув преклонного возраста. В некоторых случаях, очень редко, все части тела человека ослабевают одновременно, и он безболезненно умирает подобно тому, как с дерева падает созревший плод. Но большинство людей оказываются сорванными с древа жизни до того, как они по-настоящему созревают для смерти.

Чаще всего смерть возникает из-за того, что одна часть тела перестает функционировать раньше, чем другие. Может случиться и так, что одна часть тела крепче или развита сильнее, чем другая, и возникший в результате дисбаланс жизненной энергии приводит к страданиям или даже к смерти. Например, человек, у которого слабое сердце и сильное мускулистое тело, может травмировать сердце путем чрезмерного использования своей мускульной силы. Знаменитый силач Сандов[2] умер в возрасте 58 лет, когда в результате поднятия автомобиля одной рукой у него произошел разрыв кровеносного сосуда в мозге. Поэтому чрезмерные упражнения, ведущие к дисбалансу развития, могут иметь серьезные последствия.

Энергизирующие упражнения[3] дают сердцу минимальную нагрузку и способствуют равномерному развитию тела. Простые упражнения на свежем воздухе, такие как ходьба, а также сбалансированное питание, умеренность в еде и неподвижная медитация полезны для здоровья.

---

[2] Евгений Сандов (1867-1925), поборник физической культуры; отличался развитой мускулатурой и необыкновенными физическими способностями. Знаменитый атлет ездил по всему миру, пропагандируя идеи физического развития человека.

[3] Эти упражнения, заряжающие тело космической энергией путем волевого, осознанного направления потока *праны*, были разработаны Парамахансой Йоганандой в 1916 году. Они представлены в *Уроках SRF*. — *Прим. изд.*

Следуйте законам здоровья и больше верьте в Бога

Мастер может игнорировать правила здоровья и питания, не сталкиваясь при этом с болезненными последствиями. Обыкновенный же человек должен проявлять внимательность и учитывать законы природы, чтобы не навредить своему физическому благополучию.

К вопросу питания следует подходить мудро. Организму требуется определенное количество крахмала, белков и жиров, тогда как их чрезмерное потребление может нанести здоровью вред. Необходимо очень небольшое количество крахмала: хлеб уже не считается «насущным», то есть основным продуктом питания. Чрезмерное потребление крахмала, особенно, содержащегося в белой муке, приводит к чрезмерному образованию слизи в теле (определенное количество слизи необходимо, чтобы предупредить поступление вредных микробов в слизистые оболочки). Потребляйте больше продуктов с высоким содержанием минеральных солей, таких как фрукты и овощи. Такое питание предупреждает запоры, которые создают условия для возникновения многих болезней.

Посредством рефлексов природа старается устранить причины физических недомоганий в теле. Когда нам попадает в глаза пыль, мы непроизвольно стараемся избавиться от нее морганием. Когда пыль или грязь попадают а нос, мы чихаем. Когда мы съедаем что-то нездоровое, мы срыгиваем. Когда болезнь атакует внутренний орган тела, природа предоставляет ему множество средств для защиты и возобновления функций. Однако ставший привычным образ жизни уводит большинство людей от природы, и их естественная способность к выздоровлению и омолаживанию постепенно ослабевает и преждевременно утрачивается.

Вредные микробы постоянно атакуют тело, а полезные микробы постоянно его защищают при поддержке здорового питания, трав, лекарств и других мер оздоровления. *Но неограниченный источник защиты здоровья человека кроется в силе его убеждения в том, что он как Божье дитя не может быть поражен болезнью.*

Мысль намного сильнее лекарств. Но отвергать лечебную силу лекарства в целом неразумно, ведь если бы лекарства не имели силу, тогда человек мог бы выпить яд и не умереть. Хотя человек и не должен сомневаться в эффективности лекарств, он должен понимать, что продолжительная зависимость от них докажет их ограниченную силу, и придет момент, когда они потеряют свой прежний эффект в оздоровлении тела. Безграничная же сила исцеления кроется в человеческом сознании и в душе. Тело не может быть исцелено духовными средствами, если вера человека и сила его сознания слабы. Окончательное исцеление приходит через безграничную силу мысли и Божью милость.

Превосходство фруктов, овощей и орехов над мясом

Существует теория, по которой некоторые болезни могут быть излечены путем потребления органов животных. Дикарь поедает сердце льва, веря, что таким образом его собственное сердце станет сильнее. Известно, что ткани куриного сердца оказывают укрепляющий эффект на сердце человека, а печень помогает тем, кто страдает анемией. Однако многие медики утверждают, что куриная печень с ее лечебным эффектом может быть успешно заменена продуктами питания, богатыми витаминами и железом. К ним относятся яйца, орехи кешью, черная патока, курага, соевые бобы, сушеная лимская фасоль, сушеный горох, пастернак, шпинат и петрушка. Пепсин, получаемый из органов животных, полезен при язве желудка, папаин же, субстанция, близкая к пепсину по своему составу, присутствует в плодах папайи. Папайя является ценным лечебным средством для тех, кто страдает любой формой желудочных заболеваний.

Зачастую человек думает, что во время болезни целесообразно употреблять в пищу все, что имеет лечебную ценность, но есть мясо в целях оздоровления, на самом деле, не обязательно; более того, токсины, поступающие из мяса в кровь, могут усугубить физическое состояние больного. Поэтому мясные продукты, помогающие излечить одну болезнь, иногда создают условия, при которых может развиться недомогание в другой части тела. Самое безопасное питание для человека — это свежие фрукты, овощи, орехи, растительные и молочные белки. В отдельных случаях организм не переносит свежие фрукты и овощи, но, как правило, человек получает большую пользу, если включает их в свой ежедневный рацион.

Бог наделил фрукты и овощи целебной силой, чтобы они помогали человеку преодолевать болезнь. Но даже их сила ограничена. Органы тела, по сути, поддерживаются энергией Бога, и человек, который применяет различные методы активизации этой энергии, владеет средством исцеления более сильным, чем любое лекарство или пища.

Очищайте организм от вредных токсинов

Человеческое тело на три четверти состоит из воды, поэтому потребность организма в воде выше потребности в пище (смерть от жажды более мучительна, чем смерть от голода). Очень важно поставлять организму много воды. Также полезно пить натуральные неподслащенные фруктовые соки. Если содержание кальция в местной питьевой воде настолько высоко, что способно вызвать затвердевание артерий, вместо воды человек должен пить фруктовые соки, есть арбузы, дыни и другие сочные плоды. Однако некоторые специалисты по здоровью говорят, что если человек страдает от насморка, ему не следует потреблять соки из цитрусовых.

Возьмите за правило пить много жидкости (я не имею в виду газированные напитки!) — она вымывает токсины. Но не запивайте еду, так как это вредно для пищеварения. Иначе вы просто «смываете» её в желудок, не успев тщательным образом пережевать. Если продукты, содержащие крахмал, не обрабатываются должным образом во рту, в желудке они часто перевариваются не до конца. Очень важно тщательно пережевывать пищу: у желудка нет зубов. Торопливое поедание пищи вредно, особенно, когда вместе с едой потребляется большое количество жидкости: жидкость разбавляет желудочные соки. К тому же запивание пищи располагает к полноте.

Очень важно поддерживать здоровое состояние крови. Говядина и свинина могут выбрасывать в кровь ядовитые токсины и микробы. Белые кровяные тельца стараются уничтожить микробы, но если последние сильны, а первых недостаточно для противостояния, тогда возникают токсические реакции. Люди, употребляющие мясо, должны отдать предпочтение рыбе, курице и баранине, так как говядина и свинина вызывают образование большого количества кислоты в организме.

Самое важное правило в отношении питания: избегайте злоупотребления. Когда вы научитесь себя сдерживать, вы станете более здоровым. Часто бывает так, что желание что-либо съесть настолько сильно, что человек думает, что он не может его преодолеть. Его ощущения диктуют ему съесть ту или иную пищу, даже когда он знает, что она вредна для него. Если он откажется потакать своим вредным привычкам, он обнаружит, что ему уже не нравится то, что вредно, а нравится то, что полезно. Человек с неумеренным аппетитом может наесться, и ему этого будет недостаточно. Переедая, он перегружает свою сердечную мышцу, которая и так работала с перегрузками, возможно, в течение сорока лет!

Многие люди едят поздно ночью, не осознавая последствий этой привычки. Как правило, после этого они идут спать, а во время сна внутренний механизм человека замедляет свою работу. Поэтому пища не переваривается должным образом. Из этого следует, что есть перед сном неразумно.

Однако нет ничего хуже для тела и ума, чем потребление алкоголя. Под его влиянием человек способен на такие действия и поступки, которые он постыдился бы совершить, будучи в здравом уме. Пьянство может привести к применению насилия, потере чувства меры, жажде денег и секса и даже убийству. Веру в то, что вино, секс и деньги приносят счастье, мудрецы назвали самым главным заблуждением, которое человек должен преодолеть, чтобы осознать свою истинную природу.

Алкоголь усиливает желание денег и секса и поэтому является самым большим злом из этих трех. Человек не нуждается в употреблении алкоголя; к тому же, пить опасно ввиду того, что алкоголь замутняет рассудок. Пьяный человек уже не человек. Будет мудро удовлетворять только здоровые потребности организма.

Повышайте свою врожденную сопротивляемость болезням

Голодание — естественный метод исцеления. Когда звери и домашние животные болеют, они не едят. Таким образом, телесный механизм имеет возможность очиститься и получить необходимый отдых. Многие болезни излечиваются разумным голоданием[4]. Людям со здоровым сердцем йоги рекомендуют регулярные короткие голодания — это прекрасное средство для поддержания здоровья. Другой хороший метод физического исцеления заключается в использовании трав и их экстрактов.

Используя лекарства, человек часто обнаруживает, что они либо недостаточно сильны, чтобы излечить, либо

---

4 Армянский врач Грант Саркисян успешно использовал голодание для лечения пациентов с различными заболеваниями, включая бронхиальную астму, кожные заболевания, начальную стадия атеросклероза, гипертонию, стенокардию и болезни пищеварительного тракта. После выписки из больницы пациентам предписывалась диета, состоящая в основном из овощей и фруктов, которые, по мнению этого врача, являются важным фактором долголетия.

В Советском Союзе врач Юрий Николаев практиковал лечение голоданием в течение двадцати лет с больными шизофренией и неврозами. Он сообщил, что этот метод лечения оказался эффективным в 64 случаях из ста.

На военно-воздушной базе в Викторвилле, штат Калифорния, 25 пациентов лечились голоданием от ожирения в течение 84 дней. Шестнадцать пациентов закончили курс лечения, сбросив от 20 до 50 кг. Доктор Роберт М. Карнс, проводивший эксперимент, также сообщил, что 48-летний пациент, страдающий диабетом, перестал нуждаться в инсулине, хотя до голодания ежедневно получал 25 единиц; а у 60-летнего пациента уменьшились проблемы с артритом и улучшилась работа сердца.

Опыты над мышами, которые часто проводятся с целью тестирования методов лечения людских болезней, показали, что периодическое голодание может увеличить продолжительность жизни на 50%.

Трехдневные (и более длительные) голодания необходимо практиковать под наблюдением квалифицированного специалиста в области питания. Людям, страдающим хроническими заболеваниями или врожденными недугами, необходимо посоветоваться с врачом, прежде чем прибегать к подобной практике. — *Прим. изд.*

настолько сильны, что повреждают ткани тела вместо того, чтобы излечивать их. Телесные ткани может повредить, например, облучение разного рода «целительными лучами». Физические методы излечения имеют столько ограничений!

Солнечные лучи лучше лекарств — они обладают замечательной целительной силой. Каждый день человек должен принимать десятиминутную солнечную ванну. Лучше делать это каждый день в течение десяти минут, чем изредка, но подолгу[5]. Если вы будете ежедневно принимать непродолжительную солнечную ванну и вести здоровый образ жизни, ваш организм будет обеспечен достаточным количеством жизненной энергии, способной уничтожить все вредные микробы.

Здоровые люди имеют врожденную сопротивляемость болезням, особенно инфекционным. Болезнь приходит, когда сила сопротивления крови подавляется нездоровым питанием или перееданием, или когда злоупотребление сексом ослабляет жизненную энергию. Сберегать физическую детородную энергию — значит наполнять все клетки тела животворящей силой; тогда организм обретает сильнейшую сопротивляемость болезням.

---

[5] Солнечные ванны разумнее всего принимать в ранние и поздние часы светового дня. Те, у кого чувствительная кожа, должны предпринимать меры для ее защиты от воздействия солнечных лучей. Со всеми вопросами, касающимися пребывания на солнце, обращайтесь к врачу-терапевту или к дерматологу. — *Прим. изд.*

Злоупотребление сексом ослабляет организм и делает его восприимчивым к болезням.

Вы можете увеличить продолжительность своей жизни

Как правило, у человека больше шансов преодолеть болезнь в молодости, чем в старости, хотя всегда есть исключения — все зависит от кармических условий. Средняя продолжительность жизни сегодня[6] — 60 лет. Многие врачи соглашаются с тем, что при правильном образе жизни человек с легкостью может увеличить продолжительность своего пребывания на земле.

Махаватар Бабаджи и другие великие мастера живут по нескольку сотен лет. Неограниченное увеличение продолжительности жизни возможно не за счет питания, лекарств, упражнений, солнечных ванн и других ограниченных средств, а посредством единения с безмерной силой Бога. Мы должны думать не только о теле, но и о Духе. Достигнув совершенства в своем единении с Духом, мы достигнем и совершенства тела[7].

Многие люди живут постоянной заботой о своем физическом благополучии и не придают значения развитию силы своего ума. Ключ ко всем силам лежит в сознании.

---

6 В 1947 году.

7 Великие души, достигшие совершенного единства с Духом, тем не менее, могут страдать мучительными физическими недугами — и не по ошибке Духа, а потому что добровольно — и с Божьего позволения — взяли на себя кармические последствия неправедных действий других людей с целью помочь им.

Если человек не развивает эту силу, он может умереть под воздействием серьезной болезни, не оказав ей при этом ни малейшего сопротивления — как в старости, так и в молодости.

Сила улыбки

Не растрачивайте жизненную энергию, придерживайтесь сбалансированного питания, всегда улыбайтесь и будьте счастливы. Тот, кто находит радость внутри себя, обнаруживает, что токи жизненной энергии, заряжающие его тело, исходят не из пищи, а от Бога. Если вы чувствуете, что не можете улыбнуться, встаньте перед зеркалом и пальцами растяните рот в улыбке. Это очень важно!

Лечебные методы по правильному питанию и очищению организма с помощью трав или голодания, о которых я вкратце рассказал ранее, обладают ограниченным эффектом; но когда человек испытывает внутреннюю радость, он призывает на помощь неиссякаемую силу Бога. Я имею в виду искреннюю радость, а не ту притворную, которая изображается на лице, но не ощущается внутри. Когда ваша радость искренна, вы — миллионер Улыбка. Неподдельная улыбка распределяет космическую энергию, *прану*, по всем клеткам тела. Счастливый человек менее восприимчив к болезням, потому что радость притягивает большее количество космической энергии жизни.

Об исцелении можно рассказывать долго. Но главная идея в том, что мы должны больше зависеть от силы ума — она неиссякаема. Правилами защиты против болезней должны стать: самоконтроль, физические упражнения, правильное питание, обильное употребление фруктовых соков, периодическое голодание и неувядающая внутренняя улыбка. Эта улыбка порождается медитацией. Так вы обретете вечную силу Бога. Когда вы блаженствуете с Ним, вы сознательно привносите Его целительное присутствие в свое тело.

Необратимое исцеление исходит из Бога

Сила сознания несет в себе неисчерпаемую энергию Бога; это та сила, которую вы хотите ощущать в своем теле. Существует метод добывания этой силы — общение с Богом через медитацию. Когда ваше единение с Богом совершенно, исцеление необратимо. Когда приходит каузальная сила Бога, исцеление происходит мгновенно — человеку не нужно ждать, пока причина произведет эффект.

Переживая трудности, многие люди пытаются пробудить эту силу, но не получив мгновенного исцеления, они теряют веру в Господа — хотя должны продолжать взывать к Нему о помощи. Человек же, продолжающий верить в Божественную силу, будет исцелен, потому что Бог, зная, что верующий молится, не может ему не ответить. А когда вы сдаетесь, Отец говорит: «Я вижу, что ты можешь обойтись и без Меня. Хорошо, Я подожду».

Высшую Силу можно пробудить неустанной верой и нескончаемой молитвой. Вам нужно правильно питаться и делать все необходимое для тела, но при этом неустанно молиться: «Господи, только Ты можешь исцелить меня. Ведь это Ты управляешь жизненными атомами моего тела и его тонкими процессами, а медицине это не под силу». Лекарства и голодание оказывают определенный благотворный эффект на физическое тело, но они не воздействуют на внутреннюю силу, поддерживающую жизнь клетки. И только когда вы обращаетесь к Богу и обретаете Его целительную силу, жизненная энергия направляется в атомы телесных клеток и производит мгновенное исцеление. Так не лучше ли зависеть больше от Бога?

Однако переходить от своей зависимости от физических средств к зависимости от средств духовных нужно постепенно. Если привыкший к перееданию человек заболеет и в попытке достигнуть сознательного исцеления резко начнет голодать, он может разочароваться, если успех не придет сразу. Требуется время, чтобы изменить образ мышления и сменить зависимость от питания на зависимость от ума. Чтобы ум мог стать восприимчивым к целительной силе Бога, его нужно научить *верить* в божественную помощь.

Именно благодаря этой Великой Силе вся атомная энергия оживает, материализуется и поддерживает жизнь каждой клетки физического мира. Как движение кинокадров на экране поддерживается одним световым лучом, исходящим из будки киномеханика, так и человеческая жизнь поддерживается Космическим Лучом, Божественным Светом, изливающимся из будки Вечности. Когда вы станете искать этот Луч и найдете Его, вы познаете Его безграничную силу, способную восстановить все атомы, электроны и жизнетроны, «вышедшие из строя» в вашем теле. Ищите единения с Великим Целителем!

О Парамахансе Йогананде
(1893–1952)

«В жизни Парамахансы Йогананды в полной мере проявился идеал любви к Богу и служения человечеству... Хотя большую часть своей жизни Йогананда провел за пределами Индии, он тем не менее занимает особое место среди наших великих святых. Его работа продолжает приносить свои плоды и сияет все ярче, привлекая людей всего мира на путь духовного паломничества».

— из сообщения индийского правительства, посвященного выпуску памятной марки в честь Парамахансы Йогананды

Парамаханса Йогананда родился в Индии 5 января 1893 года. Он посвятил свою жизнь служению людям всех рас и вероисповеданий, помогая им осознать и полнее выразить в своей жизни истинную красоту, благородство и божественность человеческого духа.

По окончании Калькуттского университета в 1915 году Парамаханса Йогананда принял обет монаха древнего индийского монашеского ордена Свами. Двумя годами позже он приступил к главному труду своей жизни — духовному наставничеству, основав йогическую школу («how-to-live» school). Сегодня во всей Индии уже насчитывается двадцать одно учебное заведение такого рода, где традиционные школьные предметы сочетаются с практикой йоги и воспитанием духовных идеалов. В 1920 году его пригласили на Международный конгресс религиозных либералов в Бостоне в качестве представителя от Индии. Его выступление на конгрессе и последовавшие за ним лекции в городах Восточного побережья

США были приняты с огромным энтузиазмом, и в 1924 году он отправился в трансконтинентальное лекционное турне.

На протяжении трех последующих десятилетий Парамаханса Йогананда вносил неоценимый вклад в распространение на Западе теоретических и практических знаний о духовной мудрости Востока. В 1920 году он основал религиозную организацию, объединяющую людей разных конфессий, — общество Self-Realization Fellowship — и разместил ее главный международный центр в Лос-Анджелесе. Написав множество трудов, совершив ряд больших лекционных турне и основав многочисленные храмы и медитационные центры SRF, он сумел познакомить тысячи искателей истины с древней философией йоги и ее универсальными методами медитации.

В наши дни его духовная и гуманитарная работа продолжается под руководством брата Чидананды, президента Self-Realization Fellowship/Yogoda Satsanga Society of India. Помимо издания письменных трудов Парамахансы Йогананды, его лекций, неформальных бесед и всеобъемлющей серии *Уроков Self-Realization Fellowship*, общество курирует работу храмов, ретритов, медитационных центров и монашеских общин Self-Realization Fellowship, а также Всемирного круга молитвы.

Освещая в своей статье жизнь и труд Парамахансы Йогананды, доктор наук и профессор кафедры древних языков в колледже Скриппс Куинси Хау-младший написал о нем следующее: «Парамаханса Йогананда принес из Индии не только вечную надежду на постижение Бога, но и практический метод, при помощи которого духовные искатели разных толков могут быстро продвигаться к этой цели. Духовное наследие Индии, первоначально признанное на Западе лишь на уровне чего-то возвышенного и абстрактного, стало доступным в наше время в виде практического опыта для всех тех, кто стремится познать Бога — не по ту сторону, а здесь и сейчас… Самый возвышенный метод созерцания Йогананда сделал доступным для всех».

Глоссарий

Аватар (avatar). От санскр. *avatara* («нисхождение»); тот, кто обретает единство с Духом, а затем возвращается на землю, чтобы помогать человечеству.

Астральный мир (astral world). Тонкая сфера света и энергии, лежащая в основе физического мира. Каждое существо, каждый предмет, каждая вибрация в физическом мире имеет своего астрального двойника, поскольку астральный мир («небеса») содержит в себе энергетическую копию физического мира. Более подробное описание астрального и еще более тонкого каузального (идеального) мира можно найти в 43-й главе книги Парамахансы Йогананды «Автобиография йога».

Аум (Ом) (Aum, Om). Санскритское корневое слово-звук, символизирующее тот аспект Всевышнего, который творит все сущее и поддерживает в нем жизнь; основа всех звуков; Космическая Вибрация. У тибетцев ведический *Аум* стал священным словом *Хам*; у мусульман — *Амин (Аминь)*; у египтян, греков, римлян, иудеев и христиан — *Аминь*. Мировые религии утверждают, что все сотворенное рождается в космической вибрационной энергии *Аум* (Аминь, Слово, Святой Дух). «В начале было Слово, и Слово было у Бога, и Слово было Бог... Все чрез Него начало быть, и без Него ничто не начало быть, что начало быть» (Ин. 1:1, 3).

Ашрам (ashram). Духовная обитель, часто — монастырь.

Бхагавад-Гита (Bhagavad Gita). «Песнь Господня»; древнее священное писание Индии, часть эпического сказания «Махабхарата». Представленная в форме диалога между *аватаром* Господом Кришной и его учеником Арджуной накануне исторической битвы на Курукшетре, Бхагавад-Гита является глубоким трактатом о йоге — науке единения с Богом — и вечным рецептом счастья и успеха в повседневной жизни.

Бхагаван Кришна (Господь Кришна). *Аватар*, живший в Древней Индии за много веков до рождения Иисуса Христа. Его учение о Йоге представлено в священной Бхагавад-Гите. В индуистских писаниях слово «Кришна» имеет несколько значений, одно из которых — «Всеведущий Дух». Поэтому «Кришна», как и «Христос», — это духовный титул, обозначающий божественное величие *аватара*, его единство с Богом.

Гуру (Guru). Духовный учитель. *Гуру-гита* (стих 17) точно описывает гуру как «того, кто рассеивает тьму» (от *гу* — «тьма» и *ру* — «тот, кто рассеивает»). Зачастую так называют любого учителя или инструктора, что само по себе ошибочно. Истинный, просветленный гуру — это тот, кто обрел власть над самим собой и осознал свое тождество с вездесущим Духом. Только такой гуру обладает надлежащей духовной квалификацией для того, чтобы направлять богоискателя в его внутреннем духовном поиске.

Ближайшим эквивалентом термина *гуру* на английском языке выступает слово «Мастер». Именно его зачастую используют ученики при уважительном обращении к Парамахансе Йогананде или его упоминании.

Духовное око (spiritual eye). Единое око интуиции и вездесущего восприятия в центре Христа (*Кутастха*), расположенном в межбровье; врата в наивысшие состояния сознания. В глубокой медитации духовное, или «чистое», око можно узреть в виде сияющего золотого кольца, обрамляющего темно-синюю сферу, внутри которой горит яркая звезда. Этот всеведущий глаз упоминается в священных писаниях как «третий глаз», «звезда Востока», «внутренний глаз», «голубь, сходящий с небес», «глаз Шивы» и «глаз интуиции».

Иисус также говорил о духовном оке: «Светильник для тела есть око. Итак, если око твое будет чисто, то и все тело твое будет светло...» (Мф. 6:22).

Йога (от санскр. *уиj* — «единение») — единение индивидуальной души с Духом, а также методы, с помощью которых достигается это единение. Существуют различные методы йоги; Парамаханса Йогананда обучал *Раджа-йоге* — «царственной», или «совершенной», йоге, которая делает акцент на практике научных техник медитации. Мудрец Патанджали, выдающийся толкователь йоги, выделил восемь ступеней, ведущих практикующего *Раджа-йогу* к *самадхи* (единению с Богом), а именно: (1) *яма,* нравственное поведение; (2) *нияма*, соблюдение религиозных предписаний; (3) *асана*, правильная поза для достижения неподвижности тела; (4) *пранаяма*, контроль над *праной,* тонкими жизненными токами; (5) *пратьяхара,* самоуглубление; (6) *дхарана*, концентрация; (7) *дхьяна*, медитация; (8) *самадхи*, состояние сверхсознания.

Карма (karma). Последствия действий, свершенных в этой или в прошлых жизнях. Кармический закон есть закон действия и противодействия, причины и следствия, сеяния и пожинания. Каждый человек сам формирует свою судьбу своими мыслями и действиями. Та энергия, которую он сам — благоразумно или же по собственному неведению — приводит в действие, должна вернуться к нему как к своей исходной точке, подобно тому, как круг неизбежно замыкает самого себя. Понимание кармы как закона справедливости помогает освободить человеческий разум от обид на Бога и человека. Карма неотделима от человека и следует за ним от инкарнации к инкарнации — до тех пор, пока она не будет отработана или преодолена духовно. (См. *реинкарнация*.)

Космическое Сознание (Cosmic Consciousness). Абсолют; Дух за пределами мироздания. Этот термин также обозначает достигаемое в медитации состояние *самадхи* — единение с Богом как внутри вибрационного мироздания, так и за его пределами.

Крийя-йога (Kriya Yoga). Священная духовная наука, зародившаяся в Индии несколько тысячелетий назад. Будучи формой *Раджа-йоги*, она включает в себя продвинутые техники медитации, которые ведут к прямому контакту с Богом. Подробное описание *Крийя-йоги* даётся в 26-й главе «Автобиографии йога», а получить саму технику могут ученики SRF, подписавшиеся на *Уроки Self-Realization Fellowship Lessons* и выполнившие определенные духовные требования.

Кришна (Krishna). См. *Бхагаван Кришна*.

Майя (maya). Заложенная в структуре мироздания космическая иллюзия, из-за которой Единое Целое представляется множеством. *Майя* — это принцип относительности, контрастности, двойственности, противоположности; это Сатана (ивр. — «противник») в Ветхом Завете. Шри Йогананда писал: «На санскрите слово *майя* буквально означает „измеритель"... *Майя* — это магическая сила в мироздании, из-за которой в Неизмеримом и Нераздельном возникает видимость ограничений и деления... Единственная функция Сатаны (то есть *майи*) в божественном замысле-игре (*лиле*) состоит в том, чтобы отвлекать человека от Духа к материи, от Реальности к ирреальному... *Майя* — это покров преходящих состояний в Природе, бесконечного рождения новых форм; это покров, который каждый человек должен отбросить, чтобы увидеть за ним Творца, неизменяемое Неизменное, вечную Реальность».

Парамаханса (Paramahansa). Титул духовного мастера, достигшего высшего состояния неразрывного единения с Богом. Только истинный гуру может присвоить этот титул своему достойному ученику. Свами Шри Юктешвар присвоил этот титул Парамахансе Йогананде в 1935 году.

Сатана (Satan). См. *майя*.

Самадхи (Samadhi). Духовный экстаз; опыт сверхсознания; в высшем смысле — единение с Богом как с высшей Реальностью, пронизывающей все сущее.

Самореализация (Self-realization). Парамаханса Йогананда дал следующее определение Самореализации как осознания своего истинного «Я»: «Самореализация — это знание телом, умом и душой, что мы едины с вездесущностью Бога и нам не нужно молиться о ней; что она не просто рядом с нами в каждый миг нашей жизни, но что вездесущность Бога — это наша собственная вездесущность и мы сейчас — такая же часть Бога, какой будем всегда. Нам нужно лишь усовершенствовать это знание».

Реинкарнация (Reincarnation). Теория реинкарнации подробно рассматривается в 43-й главе «Автобиографии йога» Парамахансы Йогананды. Там объясняется, что, согласно закону *кармы*, прошлые действия людей порождают определенные последствия, которые притягивают их обратно в материальный мир. Они возвращаются на землю жизнь за жизнью, чтобы проходить через переживания, являющие собой результат этих действий, и продолжать процесс духовной эволюции, чтобы в итоге постичь совершенство души и обрести единение с Богом.

Христово Сознание (Christ Consciousness). «Христос», или «Христово Сознание», суть спроецированное сознание Бога, имманентно присутствующее во всем мироздании. Оно же Единородный Сын в Библии, единственно чистое отражение Бога Отца во всем сущем. В индуистских священных писаниях оно называется *Кутастха Чайтанья*, а также *Тат* (космический разум Духа, пронизывающий все мироздание). Это то универсальное, единое с Богом Сознание, которое было проявлено в Иисусе, Кришне и других *аватарах*. Святые и йоги знают его как состояние *самадхи*, в котором сознание отождествляется с разумом каждой частицы мироздания; они ощущают Вселенную как свое собственное тело. См. *Троица*.

Я (Self). С заглавной буквы — *атман* (душа, божественная суть человека), со строчной — малое «я», то есть человеческая личность, эго. Высшее «Я» есть индивидуализированный Дух, чья истинная природа — вечно сущее, вечно сознательное, всегда новое Блаженство.

Книги Парамахансы Йогананды на русском языке

Издательство Self-Realization Fellowship

«Автобиография йога»

«Вечный поиск»

«Божественный роман»

«Путь к Самореализации»

«Закон успеха»

«Как говорить с Богом»

«Метафизические медитации»

«Научные целительные аффирмации»

«Религия как наука»

«Высказывания Парамахансы Йогананды»

«Внутренний покой»

«Там, где свет»

«Почему Бог допускает зло»

«Быть победителем в жизни»

«Жить бесстрашно»

В издательстве «София» (www.sophia.ru) можно приобрести следующие книги:

«Автобиография йога»

«Бхагавадгита: Беседы Бога с Арджуной»

Другие издания
Self-Realization Fellowship
на русском языке

«Только любовь»
Шри Дайя Мата

«Как найти радость внутри себя»
Шри Дайя Мата

«Отношения между гуру и учеником»
Шри Мриналини Мата

«Проявление Божественного сознания в повседневной жизни»
Шри Мриналини Мата

Книги
Парамахансы Йогананды
на английском языке

Доступны напрямую у издателя:
Self-Realization Fellowship
3880 San Rafael Avenue • Los Angeles, California 90065-3219
Тел. +1 (323) 225-2471 • *Факс* +1 (323) 225-5088
www.srfbooks.org

Autobiography of a Yogi

Autobiography of a Yogi
(Аудиокнига, читает Сэр Бэн Кингсли)

The Second Coming of Christ:
The Resurrection of the Christ Within You
Комментарий-откровение изначального учения Христа

God Talks with Arjuna: The Bhagavad Gita
Новый перевод и комментарии

Man's Eternal Quest
Первый том собрания лекций, эссе и неформальных бесед
Парамахансы Йогананды

The Divine Romance
Второй том собрания лекций, эссе и неформальных бесед
Парамахансы Йогананды

Journey to Self-Realization
Третий том собрания лекций, эссе и неформальных бесед
Парамахансы Йогананды

Wine of the Mystic:
The Rubaiyat of Omar Khayyam — A Spiritual Interpretation
Вдохновенный комментарий, проливающий свет на
мистическую науку общения с Богом, на которую
указывают таинственные образы «Рубайята»

Where There Is Light:
Insight and Inspiration for Meeting Life's Challenges

Whispers from Eternity
Собрание вдохновенных молитв Парамахансы Йогананды и
его запечатленных переживаний во время общения с Богом
в высших стадиях медитации

The Science of Religion

The Yoga of the Bhagavad Gita:
An Introduction to India's Universal Science of God-Realization

The Yoga of Jesus:
Understanding the Hidden Teachings of the Gospels

In the Sanctuary of the Soul:
A Guide to Effective Prayer

Inner Peace:
How to Be Calmly Active and Actively Calm

To Be Victorious in Life

Why God Permits Evil and How to Rise Above It

Living Fearlessly:
Bringing Out Your Inner Soul Strength

How You Can Talk With God

Metaphysical Meditations
Более трехсот вдохновенных медитаций и одухотворенных молитв и аффирмаций Парамахансы Йогананды

Scientific Healing Affirmations
Парамаханса Йогананда дает здесь глубокое объяснение принципу действия целительных аффирмаций

Sayings of Paramahansa Yogananda
Короткие истории, в которых запечатлены искренние, пронизанные любовью советы и наставления Парамахансы Йогананды всем тем, кто обращался к нему за духовным руководством

Songs of the Soul
Мистическая поэзия Парамахансы Йогананды

The Law of Success
В этой книге Парамаханса Йогананда объясняет динамические принципы достижения целей

Cosmic Chants
Слова и музыка к шестидесяти духовным песням на английском языке; также прилагается вводная статья о том, как духовное пение способствует общению с Богом

DVD (документальный фильм)

Awake:
The Life of Yogananda
Отмеченный наградами документальный фильм о жизни и работе Парамахансы Йогананды

Другие брошюры серии «Искусство жить»

Парамаханса Йогананда
Answered Prayers

Focusing the Power of Attention for Success

Harmonizing Physical, Mental, and Spiritual Methods of Healing

Healing by God's Unlimited Power

How to Cultivate Divine Love

How to Find a Way to Victory

Remolding Your Life

Where Are Our Departed Loved Ones?

World Crisis

Шри Дайя Мата
How to Change Others

Overcoming Character Liabilities

The Skilled Profession of Child-Rearing

Шри Мриналини Мата
The Guru-Disciple Relationship

Брат Анандамой
Closing the Generation Gap

Spiritual Marriage

Брат Бхактананда
Applying the Power of Positive Thinking

Брат Премамой
Bringing Out the Best in Our Relationships With Others

Парамаханса Йогананда
«Автобиография йога»

Эта знаменитая автобиография представляет собой блестящий портрет одного из величайших духовных деятелей нашего времени. Подкупая своей искренностью и неподражаемым чувством юмора, Парамаханса Йогананда ярко описывает вдохновляющие события своей жизни: неординарные переживания детства; встречи с мудрецами и святыми в пору юношества, когда он ездил по Индии в поисках просветленного учителя; десять лет духовного обучения в ашраме под руководством глубоко почитаемого мастера йоги и тридцать лет духовного наставничества в Америке. Он также запечатлел свои встречи с Махатмой Ганди, Рабиндранатом Тагором, Лютером Бербанком, католической стигматисткой Терезой Нойман и другими знаменитыми духовными личностями Востока и Запада.

«Автобиография йога» представляет собой одновременно увлекательнейший рассказ о совершенно необыкновенной жизни и основательное введение в древнюю науку йоги с ее освященной веками традицией медитации. Автор четко объясняет тонкие, но неизменно действующие законы, стоящие как за обыкновенными событиями повседневной жизни, так и за необыкновенными, которые принято называть чудесами. Захватывающее повествование об удивительной жизни перетекает в проникновенный и незабываемый экскурс в глубочайшие тайны человеческого бытия.

«Автобиография йога», уже ставшая современной классикой, переведена более чем на пятьдесят языков и широко используется в колледжах и университетах в качестве авторитетного справочника. Неизменный бестселлер со дня своего появления в печати более семидесяти лет назад, она нашла свой путь к сердцам миллионов читателей во всем мире.

«Исключительно ценная работа»

— *The New York Times*

«Очаровательное, снабженное исчерпывающими комментариями исследование»

— *Newsweek*

«Ни на английском, ни на каком-либо другом европейском языке йога еще не была представлена подобным образом»

— *Columbia University Pres*

Уроки
Self-Realization Fellowship

Личные наставления и инструкции Парамахансы Йогананды по техникам йогической медитации и принципам духовной жизни

Если вы чувствуете тягу к познанию духовных истин, описанных в брошюре «Исцеление безграничной силой Бога», мы предлагаем вам подписаться на *Уроки Self-Realization Fellowship* (*Self-Realization Fellowship Lessons*).

Парамаханса Йогананда разработал эту серию уроков для домашнего обучения с той целью, чтобы искренние искатели имели возможность самостоятельно изучать и практиковать древние йогические техники медитации, которые он представил Западу, — включая науку *Крийя-йоги*. *Уроки SRF* содержат, помимо прочего, практическое руководство по обретению сбалансированного физического, психологического и духовного благополучия.

Уроки Self-Realization Fellowship распространяются за символическую плату, чтобы покрыть расходы по печати и отправке материалов по почте. Все обучающиеся могут рассчитывать на бесплатную консультацию по практическим аспектам уроков со стороны монахов и монахинь общества Self-Realization Fellowship.

Если вы желаете знать больше…

Пожалуйста, посетите веб-сайт www.srflessons.org, чтобы запросить брошюру с исчерпывающей информацией по *Урокам SRF*.

www.ingramcontent.com/pod-product-compliance
Lightning Source LLC
Chambersburg PA
CBHW031438040426
42444CB00006B/873